D1731055

GRÜSSE AUS ST. PETER

Das Benediktinerstift St. Peter auf alten Ansichtskarten

Aus der Sammlung H. F.
kommentiert von
Adolf Hahnl

VERLAG ST. PETER · SALZBURG

ISBN 3-900173-52-4

Sie sind schön, manchmal zu schön.
Sie sind zweckmäßig und preiswert.
Dies sind einige Gründe für den nun bereits über
100jährigen Siegeszug der Ansichtskarte.

Sie stellen ein unermeßliches Gebiet dar; neben der
Ästhetik spielen sie heute in zunehmendem Maß als
Quelle für Forschungen auf den Gebieten der Ge-
schichte, Kunstgeschichte und Volkskunde eine Rolle.

So freut es mich als Sammler Salzburger Motive, daß
sich der auf ältestem Salzburger Boden befindliche
Verlag zu der Herausgabe dieses Büchleins entschlos-
sen hat.

Im Besitz von unschätzbaren Kunstwerken und anderen Aufgaben zugewandt, kann die Ansichtskarte für
St. Peter nur eine kleine Nebensache sein, doch wer
vermag die Anzahl der kleinen bebilderten Karten zu
nennen, die im Lauf von Jahrzehnten in alle Welt ver-
sandt wurden und von der Schönheit dieser histori-
schen Stätte kündeten und weiterhin täglich berichten
sollen?

H. F.

Im Kreuzgang
Kupfertiefdruckkarte, um 1935
Stimmungsbilder von P. Claver Grahamer OSB,
Missionsverlag St. Ottilien

Man blickt vom Kreuzgang in das unter Erzabt Petrus Klotz OSB 1927 restaurierte Brunnenhaus unter der Pauluskapelle, in dem ein Mönch verweilt.
Schon bei den Benediktinerklöstern der Karolingerzeit gab es die Wohn– und Arbeitsräume der Mönche um einen quadratischen Kreuzgang geordnet, dessen Freiraum meist ein Gärtchen ausmachte.
Das Brunnenhaus, welches in Zisterzienserklöstern des Mittelalters obligatorisch war, diente der Waschung vor und nach dem Mahl und lag daher stets in der Nähe des Einganges zum Refektorium (Speisesaal). Heute dient dieser ehemalige Speisesaal als „romanischer Saal" der Öffentlichkeit als Ort der Begegnung. Er konnte einst durch eine eigene Pforte vom Brunnenhaus aus betreten werden.

Im Kreuzgang

Klostergarten im St. Peterstift

Künstler-Postkarte, Rückseite mit Zierrand aus Blatt-ornamentik
Verlag B. K. W. J., Serie 920/11
Vierfarben-Klischeedruck aufgrund eines Aquarells von E. F. Hofecker, 1911

Am rechten Bildrand stützt eine romanische Säule den Erker der Pauluskapelle; Ausblick auf den sog. Brüderstock mit anschließendem barocken Psallier-chor, überragt von der barocken Kuppel der Stiftskir-che, die einen Ausblick auf die Befestigung der „Katze" bzw. auf einen Turm der Hohenfestung frei-gibt.

ST. PETER
i. Salzburg

101

Salzburg St. Peter
Brunnen-Zisterne im Stiftshof
Eigenverlag der Abtei St. Peter
Kupfertiefdruck nach einem Foto des
P. Thiemo Bichlbauer OSB, um 1926

Die Zisterne, die ursprünglich mit Schöpfeimer und
Kettenrad zu bedienen war, diente bis zur Einführung
der Wasserleitung der Wasserversorgung; der im Hintergrund sichtbare Petrusbrunnen führte nur Nutz-
wasser aus dem Almkanal. Hier pumpt ein Mönch
Wasser in ein Glas, was um 1926 offenbar noch möglich war.

Beschriftet: „1. 4. 33. Herzl. Dank für Ihre lb. Wün-
sche u. ein recht frohes Alleluja! Bin wenigstens im
Geiste in Rom. Fr[ater] Benedictus OSB."

Adressiert ist diese Karte an Fr. Augustinus OSB
aus Metten (der heutige Kardinal Augustin Mayer).
Der Schreiber war P. Benedikt Probst von St. Peter
(† 1973).

Salzburg   St. Peter

Salzburg Benediktiner Abtei

Franz Jander, Berlin W 62
Original-Radierung, Handabzug, vor 1927

Die Ansicht von Stiftskirche und Abtei vom Westen aus entspricht der seit dem Barock am meisten gebräuchlichen. Im Vordergrund der Petrus–Brunnen des Bartholomäus von Opstal, links davon vor dem Trakt der Abtei fälschlicherweise ein kleiner Hain, dafür fehlt die Wiedergabe der Zisterne. Auch die sonst von diesem Standpunkt gut sichtbare Bastei der „Katze" fehlt, während die Festung richtig wiedergegeben ist.

Die romanische Stiftskirche wurde 1143 geweiht; der Westturm, ursprünglich ein karolingisch–ottonisches Westwerk, unter Abt Otto II. um 1400 aufgestockt und von Abt Beda Seeauer 1754 durch den Zimmermeister Simon Rägginger mit der prachtvollen spätbarocken doppelten Zwiebelhaube ausgebaut.

SALZBURG BENEDIKTINER ABTEI

**Peterskirche, Felsengrab des hl. Rupert,
Gründer Salzburgs**

Künstler-Postkarte, datiert 16. Juli 1918
Verlag B. K. W. J., Serie 920/18
Vierfarben-Klischeedruck aufgrund eines Aquarells
von E. F. Hofecker, 1911

Die Karte zeigt den damaligen Zustand des spätba-
rocken Altaraufbaues am Rupertusgrab im südlichen
Seitenschiff der Stiftskirche, noch ohne Confessio.
Deutlich ist am Schild die Bezeichnung „Felsengrab"
zu erkennen. Durch die Arkaden erblickt man im
Hintergrund den Altar des hl. Johannes Baptista.

Beschriftet: „Von kurzem Aufenthalt in der herrlich
gelegenen Alpenstadt 1000 innige Grüße und Küsse
von Deinem Viktor."

Die Karte wurde dem wohlgeborenen Fräulein Elsa
Zeidler in Mautern, Niederösterreich, gesandt.

St. Peter von der Festungsgasse aus
Echte Fotokarte
Aus St. Peter, F. Morawetz, 1926
Nr. 513

Vom Obergeschoß des St. Peter gehörenden sog. Binderhauses, damals Wohnung des Salzburger Malers Valentin Janschek, führt der Blick über die Haus– und Friedhofsmauern in den St. Petersfriedhof mit der Margarethenkapelle, deren Dach damals mit Biberschwanzziegeln gedeckt war. Hinter den Barockkuppeln sieht man auf dem Mönchsberg entlaubte Bäume, d.h. die Aufnahme dürfte im Frühjahr gemacht worden sein. Wenn man die Plakatwand in der Festungsgasse mit der Lupe betrachtet, wird der Zeitpunkt sofort erkennbar, denn hier wirbt das „Künstler–Haus Salzburg" für seine „Osterausstellung 1926", im Mozarteum gab es einen „Musikalisch–humoristischen Abend", es wurde über „Gelöste und ungelöste Rätsel des Seelenlebens" und über Frauen gesprochen, während die Produktwerbung mit „Persil"–Waschpulver und „Titze"–Feigenkaffee mehr im Hintergrund blieb.

Die Karte wurde, wie die Reversbeschriftung erweist, als eine „Erinnerung an Salzburg, 15.–16. September 1928" von einem Herrn August verwendet.

Salzburg

513

Salzburg, Festungsgasse

Echte Kupferdruckkarte, um 1910
Verlag der Mayrischen Buchhandlung Max
Swatschek, Salzburg, Ludwig Victorplatz 5, Nr. 183

Der Blick schweift von der Festungsgasse in Höhe
der Bierjodlgasse auf das ehemalige J. M. Haydn-
Wohnhaus, den oberen Friedhofseingang, die Chor-
seite der Margarethenkapelle und die Kuppel der
Stiftskirche, wobei auch noch das Geschoß mit der
oberen Bibliothek zu sehen ist. Am (heute nicht mehr
vorhandenen) Scheunentor der Friedhofsmauer kle-
ben zwei antagonistische Plakate nebeneinander:
Links wird zur Katholiken–Versammlung und rechts
zum Großen Volksfest geladen.
Im Vordergrund erkennt man das von Ochsen gezo-
gene Gefährt eines Torfstechers aus dem Moos. Dieser Karren mag den Salzburger an die Legende über
den Abt Mazelin († 1023) von St. Peter erinnern, der
ein „Stücklein" der Gebeine der hl. Erentrudis ent-
wenden wollte und danach als Buße seine Lebensta-
ge in der Einöde auf dem Gaisberg zubrachte. Zwei
Ochsen sollten seinen Leichnam zum Begräbnis nach
St. Peter führen, „doch konnte man diese Tiere mit-
nichten dahinleiten, sondern sie eilten von selbst aus
geheimen Antrieb und ungeachtet der Höhe des Ber-
ges dem Kloster Nonnberg zu, allwo sie bei der Pforte stehen blieben und also sein Leib bei dem Eingang
der Kirche ... beerdigt wurde" (N. Watteck, Einsied-
ler, 1972).

SALZBURG. FESTUNGSGASSE

183

Salzburg St. Peter
Postkarte
Kunstverlag Alexander Scheiner, Wien
Originalradierung von L. V. Pollak
Colorierter Handpressendruck

Dargestellt ist das nordöstliche Friedhofstor. Das Motiv des schmiedeeisernen neobarocken Tores, das 1864 ein schlichtes Holztor ersetzte und so den malerischen Durchblick auf die St.–Peter–Kuppel gewährt, tritt 1915 in einer Radierung erstmals in Erscheinung, als Luigi Kasimir für den Salzburger Kunstverein eine Jahresgabe vorlegte. Pollak dürfte bei seiner Wiederholung der Vorlage von Kasimir weitgehend gefolgt sein. Damals waren die fünf biedermeierlichen Arkaden zur Rechten noch mit Holzgittern verschlossen, während am sogenannten Zuckerbäckerhaus links die Gitterkörbe und Hausbilder fehlen; Gebäude, die heute noch den Mühlenhof des St.–Peter–Bezirkes umstehen.

SALZBURG ST. PETER

Salzburg im Schnee
Correspondenz-Karte von 1899
Würthle & Sohn, Salzburg
Kupfertiefdruck

In einem schneereichen Winter zur Zeit, als die ver-
hüllte Mittagssonne über der Festung stand, wurde
diese Aufnahme gemacht. Im Vordergrund ist ein
Weg zum Katakombeneingang ausgeschaufelt, doch
alle anderen Monumente versinken unter dem schö-
nen Weiß, auch die bekannten sieben Kreuze sind
kaum auszumachen. Noch fehlt der Großbau des
Stieglkellers, doch dafür ist gut lesbar „Drahtseil-
bahn" am ehemaligen Haydnhaus aufgemalt.
Der Friefhof von St. Peter ist die älteste, heute noch
in Dienst stehende Begräbnisstätte der Stadt Salzburg, deren Ursprünge in die Zeit des hl. Severin
(Ende 5. Jahrhundert) zurückreichen mögen. Am lin-
ken Bildrand die Katharinenkapelle, eine Stiftung des
Babenbergers Leopold VI., dahinter die spätgotische
Margarethenkapelle von 1491. Zahlreiche gotische
und barocke Epitaphien finden sich an den Außen-
mauern der Kapellen bzw. in den Gruftarkaden, die
1627 an die Umfassungsmauer angebaut wurden.
In der Mozartzeit wollte man den Friedhof aus
„hygienischen Gründen" vor das Neutor verlegen,
bei Errichtung des Salzburger Kommunalfriedhofes
wurde er 1880 gesperrt, aber 1930 wieder seinem
ursprünglichen Zweck geöffnet.

Salzburg in Schnee.

Gruß aus Salzburg – Friedhof St. Peter

Correspondenz-Karte von 1896
Würthle & Sohn, Salzburg
Mehrfarben-Kupfertiefdruck

Als Gegenstück zur vorigen Karte eine sommerliche Nachtaufnahme des berühmten Petersfriedhofes vom westlichen Eingang aus. Der aufgemalte Mond und die auf den Druck retuschierten Lichtschimmer aus z.T. erfundenen Fenstern wollen Romantik vermitteln.

Beschriftet: „Liebe Rosa! Die ersehnte Nachricht haben wir, aber du sagst nichts ob du schon mit Posten versorgt bist, oder ob Du von Deinen Renten lebst. Letzeres wäre Dir f. D. Deinen sehr zu wünschen. Was spricht Fr. Mama? Hast keine Ideen von Rudi, wir wissen absolut nichts, auch Martin ist stumm. Uns gehts immer gleich, möchten allerdings gar öfter n. Wien ....! Jedenfalls wird dieses aber leichter möglich sein, als n. Linz. Das Vergnügen ist für uns immer weniger da, auch kein Theater.
Dafür können wir im Sommer elektrisch verunglücken nicht mehr mit der Viecherlbahn.... Es grüßen Dich herzlich A.J."

Adressiert an wohlgeborne Frau Rosa Kovacs, Wien XIV., Rusteng: 10. II. Th. 21. Mit einer 5–Heller-Marke versehen und am 16. 3. 1909 gestempelt.

Gruß aus Salzburg.

Friedhof St. Peter.

16/3. 09

Liebe Rosa!

Würthle & Sohn, Salzburg.

Aufgang zur Maximuskapelle (Felsentunnel)
Correspondenz-Karte, um 1900
Verlag von T. V. Praetz, Salzburg, Petersbrunngasse
Kupfertiefdruck in Blauschwarz

Wiedergegeben ist der (selten publizierte) obere Abschnitt der Stiege, welche von der Gertraudenkapelle zur Maximuskapelle im 17. Jahrhundert gegraben wurde, um den ursprünglich äußeren Zugang quer über die Felsenwand zur oberen Kapelle überflüssig zu machen.
Bei der Reproduktion nach der (leicht retuschierten) Fotovorlage vertauschte man die Seiten; richtig müßte die Lichtquelle von links aufleuchten. (Ähnlich wie bei Markenfehldrucken dürfte dieser Mangel die Karte wertvoller machen.)

Verlag von T. D. Pracht, Salzburg, Petersbrunngasse 9.

Gruß aus Salzburg.

Aufgang zur Maximuskapelle
(Felsentunnel).

500

Maximuskapelle am St. Peterfriedhof
Farbpostkarte nach Ölgemälde von K. Hayd,
datiert 11. August 1929
Verlag Karl Hayd, Linz, Volksfeststraße
Vierfarben–Klischeedruck

Man sieht vom Ende der Innenstiege, die von der
Kommunegruft in die Maximuskapelle führt. Die
heutige Ausstattung entstand durch eine Restaurie-
rung im neo-frühchristlichen Stil durch den Maler
Georg Pezolt, 1859.
Da eine wissenschaftlich genaue Untersuchung dieser Felsenhöhle, die sich etwa in 8 m Höhe über dem
Niveau des Friedhofs befindet, aussteht, wird noch
gerne die bei Eugippius stehende Legende für diesen
Ort erzählt, daß der Priester Maximus, der sich mit
seiner christlichen Gemeinde hier verborgen gehalten
haben soll, bei einem nächtlichen Überfall der heid-
nischen Heruler auf Juvavum gehenkt und seine
Gefährten über den Felsen zu Tode gestürzt wurden.

SALZBURG   Ölgemälde K. HAYD
Maximuskapelle am St. Peterfriedhof

Abtei St. Peter, Katakomben
Postkarte nach einem Foto von
P. Thiemo Bichlbauer OSB, um 1926
Eigenverlag der Abtei
Kupfertiefdruck

Im Vordergrund zwei junge Männer bei Erdarbeiten am Fuße der Mönchsbergwand mit Blick auf die Gertraudenkapelle (Auslug und Glockentürmchen). Der Schatten im Vordergrund rührt von den drei sogenannten Friedhofshäusern her, die gleichfalls zu St. Peter gehören. Der bis heute ziemlich unverändert erhaltende Klosterwinkel ist ein Ort, wohin sich selbst zur Zeit des Hochtourismus in Salzburg nicht leicht ein Besucher verirren dürfte.

Salzburg   St. Peter

Friedhof St. Peter mit Katakomben
Künstlerpostkarte, um 1930
Künstler–Stein–Zeichnung, Vorzeichnung mit „B"
signiert
Verlag Würthle & Sohn Nachf., G.m.b.H.,
Salzburg

Der typisch romantische Friedhofsblick vom West-
eingang aus mit Katakomben, Mönchsberg und der
bekrönenden Festung. Geschlossene Rasendecken
sowie starker Bewuchs des Festungsberges wollen
dem Betrachter suggerieren, daß hier die Zeit stehen-
geblieben sei. In Wirklichkeit zerschneidet seit 1892
die Festungsbahn den Festungsberg.
Neben den Grabstätten vieler historischer Persönlich-
keiten finden sich hier auch die Gräber von Johann
Michael Haydn († 1806) und Maria Anna Mozart,
genannt Nannerl († 1829), in der Kommunegruft.

Salzburg
Friedhof St. Peter mit Katakomben.

Inneres der Margarethen–Kapelle St. Peter

Correspondenz-Karte, vor 1900
O. Schleich Nachf., Dresden
Doppeltonlichtdruck 4571

Gezeigt wird das Innere der spätgotischen Friedhofskapelle im Zustand der 1864 erfolgten historisierenden Erneuerung, die nach Vorschlägen des Salzburger Spätromantikers Georg Pezolt erfolgte. Davon erhalten blieben die zeitgleichen Glasgemälde der drei Presbyteriumsfenster sowie der Hochaltaraufbau (derzeit ohne Schmuck der gotischen Figuren).
An den Wänden des Presbyteriums hingen als romantische Dekoration die erfundenen Wappen der ersten heiligen und seligen Bischöfe, Äbte und Erzbischöfe von St. Peter, die heute die Bibliothekstreppe zieren. Den kostbaren Innenraum schuf über Auftrag des Abtes Rupert Keutzl († 1495) wahrscheinlich Peter Intzinger.

Inneres der Margarethen-Kapelle St. Peter
Salzburg

O. Schleich Nachf., Dresden Doppeltonlichtdruck 4571

St. Petersfriedhof und Stiftskeller

Verkleinerte Reproduktionskarte („Echte Heliogravüre") aus der „Seidl-Mappe Salzburg", um 1910
Eigentum und Verlag: Kunstverlag Swatschek, Salzburg, Ludwig Victorplatz 5, Nr. 283

Ulf Seidls Kunst entspricht dem „Heimatstil" der Zwischenkriegszeit, wie er etwa in den Illustrationen der Linzer „Heimatgaue" von Adalbert Depiny oder dem „Getreuen Eckhart" bewußt eingesetzt wurde, um jenen, die mit der bildmäßigen Anlage des deutschen Expressionismus wenig anzufangen wußten, ein hübsches Äquivalent zu bieten. Und dennoch trifft die Feder Seidls genau das Salzburger Ambiente; seine leicht nostalgischen Veduten sind im eigentlichen Sinn ihrer Leistung beachtenswert.

Das Blatt zeigt in der Sockelzone eine querformatige Szene im Hof des Peterskellers mit Benediktiner-Kellermeister, einem Zither- und einem Gitarre-Spieler, doch merkwürdigerweise alle stehend, als wäre die Tafel bereits aufgehoben. In den Ecken Doppelwappen St. Peter – Abt Wolfgang Walcher bzw. Stadt und Land Salzburg. Oben die Ansicht des Petersfriedhofes von Westen mit Katakomben und Hohensalzburg. Trotz graphischer Zusammenfassung gibt Seidl das Charakteristische (den Steinbau der Margarethenkapelle, die Gitter der Gruftarkaden usw. bis hin zur Form der sieben schwarzen Kreuze) richtig wieder.

Salzburg ~ St. Petersfriedhof u. Stiftskeller

Gruß aus St. Peter Salzburg
St. Peter–Stifts–Kellerei
Correspondenz-Karte, datiert 11. August 1890
Druck und Verlag von Louis Glaser, Leipzig
Vertreter: R. Karlmann, Wien VII/2
Chromlithographie

Die halbseitige Vedute zeigt den Hof des Peterskellers in seiner spätbarocken Form, als vor der Felswand ein eingeschossiger Anbau bestand. Man tafelte (bei gutem Wetter) auf langen Tischen im Freien, wobei ein Trio (Violine, Baßgeige und Trompete) aufspielte. Der Brunnen bestand aus einer gußeisernen Säule mit vasenförmigem Behälter. Zwei Laternen auf Kandelaber sorgten in der Nacht für Licht. Der unbekannte Zeichner bereicherte die Szene durch einen Putto, der im Vordergrund aus dunklen Trauben Most preßt.

Beschriftet: „Liebe Mutter! Gretl hätte beinahe einen Schwipps! Wir trinken hier auf Euer Wohl eine Flasche. Hoffentlich seid Ihr gesund. Wir denken trotz der herrlichen Gegend stets an Euch & Regensburg. In aller Liebe Eure dankbaren Hans & Gretl. Salzburg 11 Aug 90."

Die Karte wurde an J. B. Hüttinger in Regensburg in Bayern adressiert, frankiert mit einer österreichischen 2–Kreuzer–Marke, und, obwohl 1890 datiert, eigenartigerweise erst am 12. September 1897 im Postamt Salzburg–Stadt gestempelt.

GRUSS aus ST. PETER Salzburg.

Liebe Mutter!

*Zwei Sätze bei nahe einem
Schwipps! Wir trinken hier
auch heute noch ein Gläschen.
Hoffentlich seid ihr gesund. Wir
nehmen noch den herzlichen
Gruss, seid von Euch Braunsberg
In aller Liebe Euren dankbaren*

Hans & Frau

Salzburg 11 Aug 90.

Stiftskellerei St. Peter in Salzburg
Correspondenz-Karte, datiert 28. März 1898
Druck bzw. Verlag Pfleumer, Salzburg
Mehrfarben-Klischeedruck

Die Ansicht zeigt den Bereich des Innenhofes des Peterskellers vor dem Umbau von 1902 mit zechenden Gästen an Tischen, den eisernen Brunnen sowie ein musizierendes Quartett mit zwei Violinen, einer Baßgeige und einer Harfe. Im Hintergrund ist ein Wandbrunnen mit Löwenkopfspender. Durch das geöffnete Kellertor erblickt man den Felsenkeller mit lagernden Fässern.
Aufgrund eines Gedichtes des Mönchs Alkuin darf angenommen werden, daß schon zur Zeit, da Kaiser Karl der Große in Salzburg weilte (803), im Mönchsberg ein Weinkeller existierte, der Schulbibliothek benachbart.

Beschriftet: „Liebe Karten von dir Papa erhalten lassen herzlich grüßen und theile Papa mit daß ich kein Mieter gefunden was mir recht leit. Mit Gruß Mertens. Viele Grüße an die Eltern".

Adressiert an J. und Gretl Busek in Linz, Spittelwies 13. Aufgegeben am 28. März 1898 in Salzburg, frankiert mit einer 2–Kreuzer–Marke.

STIFTSKELLEREI ST. PETER IN SALZBURG.

A Supp'n, a Fleisch, a Gmüas und a Bratl,
A guat's Glasl Wein und a frisches Salatl,
A Mehlspeis, Zigarrn und an schwarzen Kaffee,
Nach kannst a paar Stund wieder fahrn oder geh'.

So lebst Du ganz lusti in Salzburger Land,
Kimmst dohi und dorthi und sichst allerhand. —
Fahr' eini — Schau's a! — Probirs wer do will!
G'fall'n thut's an jeden und kost net amol viel.

Am 20/3 1898

Liebe Koser von der Pop a schölten laße herzlich grüßen und theile Sorg mit Inh? ich [...] Mutter gesunde so klein's recht lad. Mit Ihnen [...] Herzliche Grüße an Ihre Ellern

Mertens

Pfleumer, Salzburg.

Peterskeller Salzburg
Künstler–Postkarte, um 1900
Die Ansicht signiert von „Hubert v. Zwickle"
Druck und Verlag von J. Hutteger, Salzburg
Klischee-Farbdruck

Die Ansicht zeigt im Vordergrund eine Tafelgesell-
schaft, im Hintergrund die Südostecke des Keller-
hofes, oben separat zwei rotmarmorne Tafeln mit
Bauinschriften der Äbte Wolfgang Walcher und Kili-
an Püttricher aus dem 16. Jahrhundert.
Zu Ende des 18. Jahrhunderts wurde der Peterskeller
durch den Komponisten Johann Michael Haydn
berühmt, der sich hier zu sangesfroher Runde traf. Im
19. Jahrhundert trat in einem eigenen Raum die
„Gesellschaft für Salzburger Landeskunde" zusam-
men, ganz zu schweigen von den zahllosen illustren
Gästen in all den Jahrhunderten seines Bestehens.

Beschriftet: „Auf Ihr Wohl MR."
Adressiert an Baronin Helene Lilgenau in Rimsbach
bei Ebensee.

Des Himmels Gabe
ist der Wein,
D'rum wird es Euch
verständlich sein:
„Der an der Himmelspforten
Führt keine schlechten Sorten!"

HVBERT v. ZWICKLE

PETERSKELLER
SALZBVRG.

Salzburg – Peterskeller
Postkarte – Carte postale, datiert 8. Juni 1905
Druck und Verlag von J. Huttegger, Salzburg
Salzburger Künstler-Postkarte Nr. 156
Klischee-Farbdruck nach „F. Kulstrunk"

Die Ansicht zeigt den Kellerhof nach dem historisti-schen Umbau unter Abt Willibald Hauthaler mit der Felsenloggia, dem Glasdach, einem Sonnensegel und dem Delphinbrunnen, rechts vorne der Kellermeister P. Kolumban Moltner OSB.

Du liaba St. Peda
Wia schön kunnt's nöt sein
Wär allweil dein Weda
So guat wia dein Wein!

Wegweiser zum „St. Peter–Stifts–Keller"
Feuchtfröhliche Grüße aus Salzburg
Postkarte, datiert 10. Juli 1905
Kunstverlag Frank, Graz

Das Bild zeigt einen blonden Knaben (in bayerischer Tracht), der auf die Karte der Salzburger Altstadt weist, worin der Peterskeller eingetragen ist. Im Hintergrund Altstadtblick.

Beschriftet: „Bester Freund! Mein besten Dank für die Gefelikeit habe in Schenster Ordnung erhalten alles hast gewis noch du drauf bezahlt das übrige Geld hast nicht sollen zurük senden hast dir ein Wein gekauft. Mir geht zimlich guht ist ser lustig hür ist ser feines Bir hür bleibe hofentlich bis Früjahr hir dan Deutschland. Besten Dank für alles das so gut gewesen bist das mir ab geschriben hast ich bin Dir gut mit Bestem Grus Dein Freun Blasius".

Die Karte ist an Herrn Rudolf Terschan, Mechaniker, in Wien XIII/10, Speisingerstraße 49, gerichtet.

Wegweiser zum
„St. Peter–Stifts·Keller"

St. Peter
Stifts-Keller

Feuchtfröhliche Grüße aus Salzburg

Bester Freund!

Mein besten dank für Die Gratulation schon
in schönster Ordnung erhalten allen

Stiftskeller St. Peter zu Salzburg
Künstlerkarte, datiert 31. Mai 1924
Druck und Verlag von J. Hutteger, Salzburg
Klischeedruck in schwarzweiß

Der Druck nach einer Vorzeichnung des „F. D." zeigt eine Rahmenkomposition in Form eines romanischen Portals, wo links oben St. Petrus mit Schlüssel und Kelch heiter lächelt und rechts das Stiftswappen zu sehen ist. Die Bildmitte zeigt den Kellerhof mit tafelndem Volk, rechts im Kellerportal ein Mönch mit einer Kanne in Händen. Drei Zwerge kommen, Weingläser schwenkend, auf den Betrachter zu.